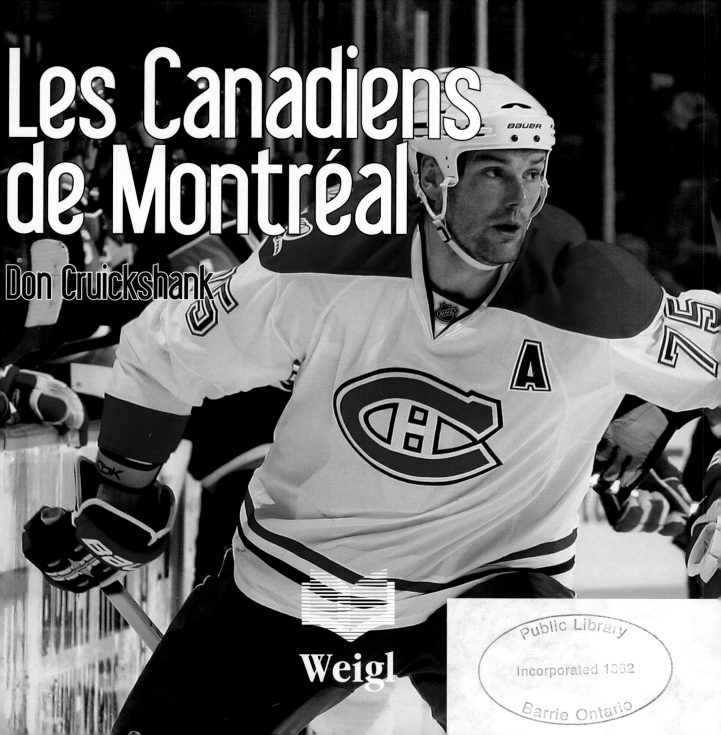

Les Canadiens de Montréal

Don Cruickshank

Weigl

La maison d'édition Weigl tient à remercier la famille Hoffart pour avoir inspiré cette série de livres.

Publié par Weigl Educational Publishers Limited
6325 10th Street S.E.
Calgary, Alberta T2H 2Z9
Site web : www.weigl.ca

Bibliothèque et Archives Canada - Catalogage dans les publications
Cruickshank, Don, 1977-
         Les Canadiens de Montréal / Don Cruickshank.
(Le hockey au Canada)
Comprend l'index.
ISBN 978-1-77071-424-3 (relié).
         1. Les Canadiens de Montréal (équipe de hockey)--Littérature pour adolescents.
I. Titre. II. Série : Cruickshank, Don, 1977- . Le hockey au Canada.
GV848.M6C775 2011   j796.962'640971428   C2011-900790-8

Imprimé aux États-Unis d'Amérique à North Mankato, Minnesota
1 2 3 4 5 6 7 8 9 0 15 14 13 12 11

072011
WEP040711

Coordonnateur de projet : Aaron Carr
Directeur artistique : Terry Paulhus
Traduction : Tanjah Karvonen

Weigl reconnaît que les Images Getty est son principal fournisseur de photos pour ce titre.

Tous les efforts raisonnablement possibles ont été mis en œuvre pour déterminer la propriété du matériel protégé par les droits d'auteur et obtenir l'autorisation de le reproduire. N'hésitez pas à faire part à l'équipe de rédaction de toute erreur ou omission, ce qui permettra de corriger les futures éditions.

Dans notre travail d'édition, nous recevons le soutien financier du gouvernement du Canada par l'entremise du Fonds du livre du Canada.

TABLE DES MATIÈRES

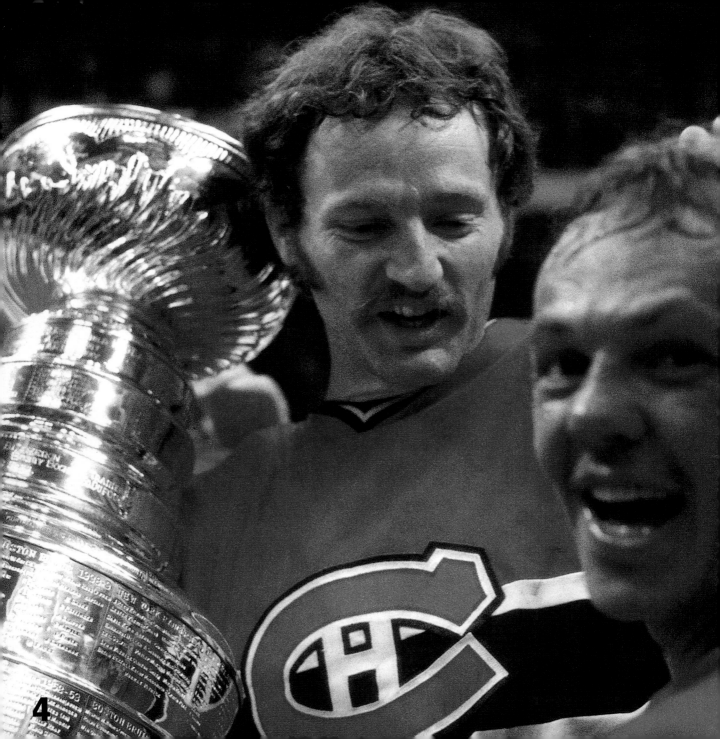

L'histoire des Canadiens

Les Canadiens étaient une des quatre équipes à f
la Ligue nationale de hockey (LNH) en 1917. D
saison de 1976 à 1977, Montréal à établi le record
le plus grand nombre de points dans une saison a
points. Ils ont gagné 60 matchs, en ont perdu hui
eu 12 matchs nuls. Les Canadiens ont aussi remp
Coupe Stanley cette saison-là.

Les Canadiens sont aussi appelés les Habitants. C
habitant, signifie les premiers colons qui ont culti
au Québec.

Les Canadiens ont remporté la Coupe Sta
24 fois. Ceci est un record dans la LNH.

L'aréna des Canadiens

Le premier **aréna** de la LNH des Canadiens a été détruit dans un incendie en 1918. En 1924, les Canadiens ont déménagé au Forum de Montréal. Plus de 90 millions de spectateurs ont vu les Canadiens jouer au Forum.

Après 72 ans, les Canadiens ont déménagé à un nouvel aréna. En 1996, ils ont joué leur premier match dans le Centre Molson. Aujourd'hui, c'est appelé le Centre Bell. C'est le plus grand stade dans la LNH avec **une capacité** de 21 273 personnes.

Les Habitants ont mis hors service 14 chandails de hockey. Ceci est un record dans la **LNH**.

Les chandails

 Le chandail à domicile est rouge av bordure bleue et blanche. Ceci a ét chandail le plus commun dans l'his de l'équipe.

 Le chandail de visite est blanche av bordure bleue et rouge. Le chandai visite n'a pas de rayure bleue.

 **Le logo** est un C majuscule avec u majuscule au centre. Le C représe Canada et le H représente le hocke

Les Canadiens ont porté beaucoup chandails différents depuis le débu

Le masque des gardiens de but

 Jacques Plante était le premier garc de but de la LNH à porter un masqu façon régulière. Il a commencé à po son masque en 1959.

 Ken Dryden s'est joint à la LNH en À l'époque, il portait un masque qui ressemblait aux os d'un squelette.

 Patrick Roy a joué 11 saisons avec Canadiens. Le logo de l'équipe et le numéro de son chandail était peints sur son masque.

Carey Price a porté un masque peint ave visage de Plante pour un seul match en 2

Les entraîneurs

 Toe Blake était l'entraîneur des Canadiens pendant 13 saisons, à partir de 1955. Il a aidé son équipe a gagné 500 matchs et huit Coupes Stanley.

 Scottie Brown a remporté cinq Coupes Stanley comme entraîneur des Canadiens. Il a gagné 1 244 matchs de la LNH comme entraîneur.

 Jacques Demers a aidé l'équipe à gagner la Coupe Stanley en 1993. C'était la première de ses quatre années avec les Habitants.

En 2011, Jacques Martin est devenu le neuvième entraîneur dans l'histoire de la LNH à remporter 600 matchs.

La mascotte

La mascotte des Canadiens de Montréal s'appelle Youppi. Youppi est un géant orange et poilu. En français, le nom Youppi signifie « yippee » ou « hooray ».

Dans le passé, Youppi était la mascotte des Expos de Montréal. Les Expos était une équipe de baseball de la Ligue majeure de baseball. Quand les Expos ont déménagé à Washington, D.C., Youppi est resté à Montréal. Le 16 septembre 2005, les Canadiens ont adopté Youppi comme leur mascotte.

Youppi est la seule mascotte dans le monde du sport professionnel à changer de ligues.

Les records des Canadiens

Les Canadiens qui mènent dans les records

Le plus de buts
Maurice Richard
544 buts

Le plus de matchs joués
Henri Richard
1 256 matchs joués

Le plus de minutes de pénalité
Chris Nilan
2 248 minutes de pénalité

Le plus de passes décisives
Guy Lafleur
728 passes décisives

Le plus de points
Guy Lafleur
1 246 points

Le plus de matchs gagnés par un gardien de but
Jacques Plante
314 matchs gagnés

17

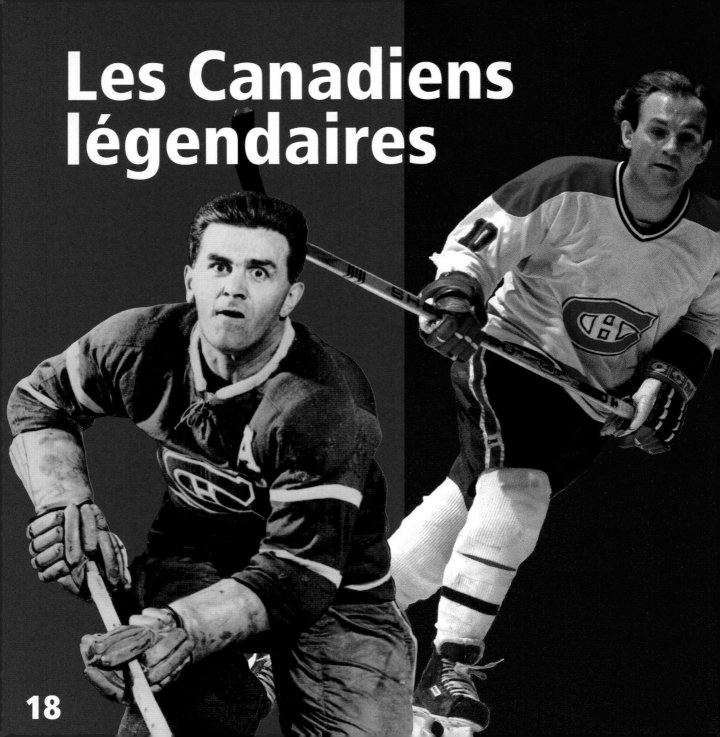

Les Canadiens légendaires

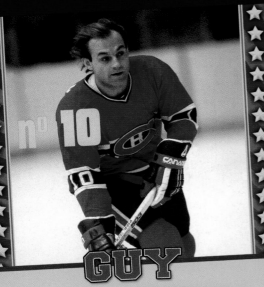

nº 10

GUY LAFLEUR

Position : ailier droit
Saisons avec les Canadiens : 14
Né : le 20 septembre, 1951
Ville natale : Thurso, Québec

DÉTAILS DE CARRIÈRE

Guy Lafleur a remporté trois trophées Art Ross en tant que meilleur marqueur de la LNH. Sa meilleure saison était en 1976–1977 lorsqu'il a marqué 56 buts et a fait 80 passes décisives. Ses 136 points ont mené la LNH cette année-là. Lafleur était reconnu pour sa vitesse. Il patinait très vite du côté droit de la patinoire et puis tirait sur le but avec son lancer frappé. Lafleur est le deuxième sur la liste des marqueurs de tout temps des Canadiens avec 518 buts. En 1988, Lafleur est entré dans **le Temple de la renommée du hockey**.

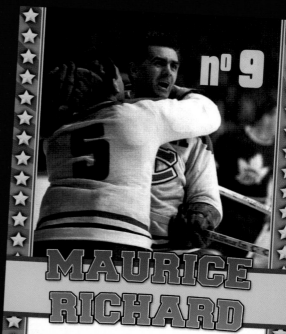

nº 9

MAURICE RICHARD

Position : ailier droit
Saisons avec les Canadiens : 18
Né : le 4 août, 1921
Ville natale : Montréal, Québec

DÉTAILS DE CARRIÈRE

Maurice « Rocket » Richard est une légende du hockey. Il était le premier joueur dans la LNH à compter 50 buts dans une seule saison. Il était aussi le premier joueur à marquer 500 buts dans sa carrière. Richard a tenu le record quatre fois pour le nombre de buts et il tient toujours le record pour les Canadiens avec le plus de buts de tout temps. Il était un joueur étoile (*all-star*) 14 fois pendant sa carrière. Richard a aidé l'équipe de Montréal à remporter la Coupe Stanley huit fois. Il est entré dans le Temple de la renommée du hockey en 1961.

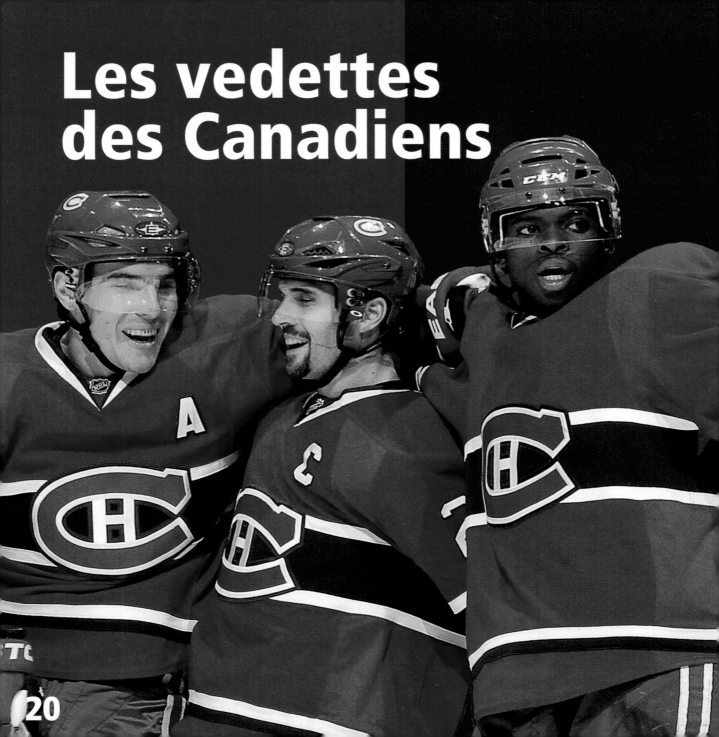

Les vedettes des Canadiens

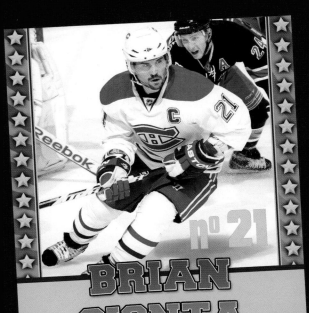

n° 21

BRIAN GIONTA

Position : ailier droit
Saisons avec les Canadiens : deux
Né : le 18 janvier, 1979
Ville natale : Rochester, New York

DÉTAILS DE CARRIÈRE

Brian Gionta était choisi par les Devils de New Jersey dans **le repêchage de la LNH** en 1998. Sa meilleure saison était en 2005–2006 lorsqu'il a marqué 48 buts et avait 89 points. Il s'est joint aux Canadiens en 2009. Pendant sa première saison, il a mené l'équipe avec 28 buts. Avant le début de la saison de 2010–2011, il était nommé capitaine d'équipe. Puis, Gionta a mené les Canadiens pendant sa deuxième saison consécutive avec 29 buts.

n° 76

P.K. SUBBAN

Position : joueur de défense
Saisons avec les Canadiens : une
Né : le 13 mai, 1989
Ville natale : Toronto, Ontario

DÉTAILS DE CARRIÈRE

P.K. Subban a aidé Équipe Canada a remporté la médaille d'or aux Championnats mondiaux de hockey junior en 2008 et 2009. Montréal a recruté Subban en 2007. Après avoir joué seulement deux matchs avec Montréal dans la saison régulière de 2009–2010, Subban a joué un rôle décisif dans la série éliminatoire. Il a aidé les Canadiens à se rendre aux **championnats de conférence**. L'année suivante, pendant sa première saison comme **joueur professionnel depuis moins d'un an (une nouvelle recrue)**, Subban a mené la défense avec 11 buts.

Les moments inoubliables

1930

Les Canadiens gagnent contre les Bruins de Boston pour ainsi remporter leur troisième Coupe Stanley. C'est leur premier trophée de championnat depuis leur déménagement au Forum de Montréal.

1976

Les Canadiens gagnent la Coupe Stanley. Ceci commence une série de quatre victoires dans les championnats. Il sont une des deux seules équipes à remporter plus que trois Coupes Stanley de suite. L'autre équipe est les Islanders de New York. Les Canadiens ont également remporté cinq Coupes Stanley de suite entre 1956 et 1960.

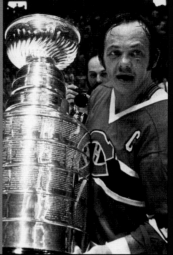

1986

Montréal gagne sa 23ème Coupe Stanley. Le gardien de but Patrick Roy devient le plus jeune joueur à remporter le trophée Conn Smythe en tant que **le joueur le plus utile** dans la série éliminatoire.

2003

Les Canadiens versus les Oilers de Edmonton dans le premier match de la LNH joué à l'extérieur. 57 167 spectateurs de hockey à Edmonton, en Alberta assistent à ce match. Les Canadiens remportent le match de 4 à 3.

1993

Les Canadiens gagnent leur 24ème Coupe Stanley. Les équipes de hockey disputent ce trophée depuis 100 ans. La première équipe à gagner la Coupe Stanley était les AAA de Montréal en 1893.

Les devinettes

Teste tes connaissances des Canadiens de Montréal en trouvant la solution à ces devinettes.

1. Combien de fois les Canadiens de Montréal ont-ils remporté la Coupe Stanley ?

2. Qui était le premier gardien de but de la LNH à porter un masque régulièrement ?

3. La mascotte des Canadiens de Montréal est venue de quelle ancienne équipe de baseball ?

4. Quel est le nom de l'aréna où les Canadiens de Montréal jouent leurs parties à domicile ?

5. Qui a marqué le plus de buts dans l'histoire des Canadiens de Montréal ?

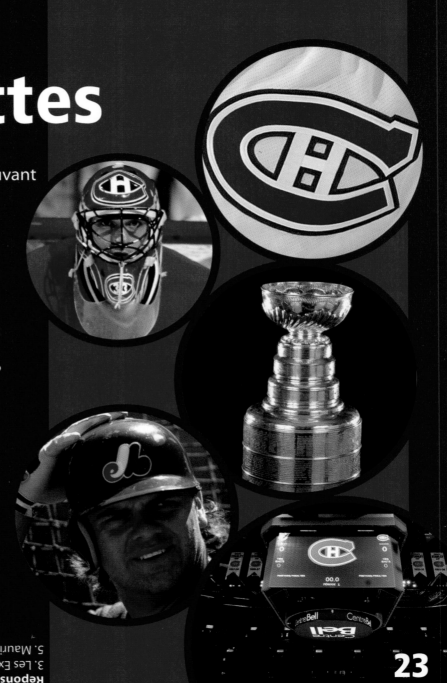

Réponses : 1. 24   2. Jacques Plante   3. Les Expos de Montréal   4. Le Centre Bell   5. Maurice Richard

Glossaire

aréna : un centre sportif avec une patinoire où les équipes de hockey jouent leurs matchs

capacité : le nombre maximum de personnes qui peuvent entrer dans un stade ou un aréna

championnats de conférence : une série éliminatoire pour décider qui va jouer dans le match final pour la Coupe Stanley

Coupe Stanley : le prix de la Ligue nationale de hockey pour l'équipe qui a le mieux joué dans la série éliminatoire

joueur le plus utile : le joueur qui a le plus contribué au succès de son équipe

joueur professionnel depuis moins d'un an (une nouvelle recrue) : un joueur ou une joueuse dans sa première saison professionnelle

Ligue nationale de hockey (LNH) : une organisation des équipes de hockey professionnelles

logo : un symbole qui représente une équipe

mascotte : un animal ou autre objet qui apporte de la chance à une équipe

repêchage (universel) de la LNH : la sélection de joueurs de hockey junior pour joindre les équipes de la LNH

Temple de la renommée du hockey : un musée où on reconnaît la contribution au jeu de hockey des grandes vedettes du passé et d'autres personnes impliquées dans ce sport

24

Index